我能管好自己 18

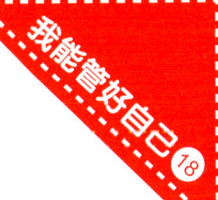

不要取笑别人

[英] 亚尼内·阿莫斯 / 著　[英] 安娜贝尔·斯彭斯利 / 绘
[英] 雷切尔·安德伍德 / 幼教顾问　贾洪宝 / 译

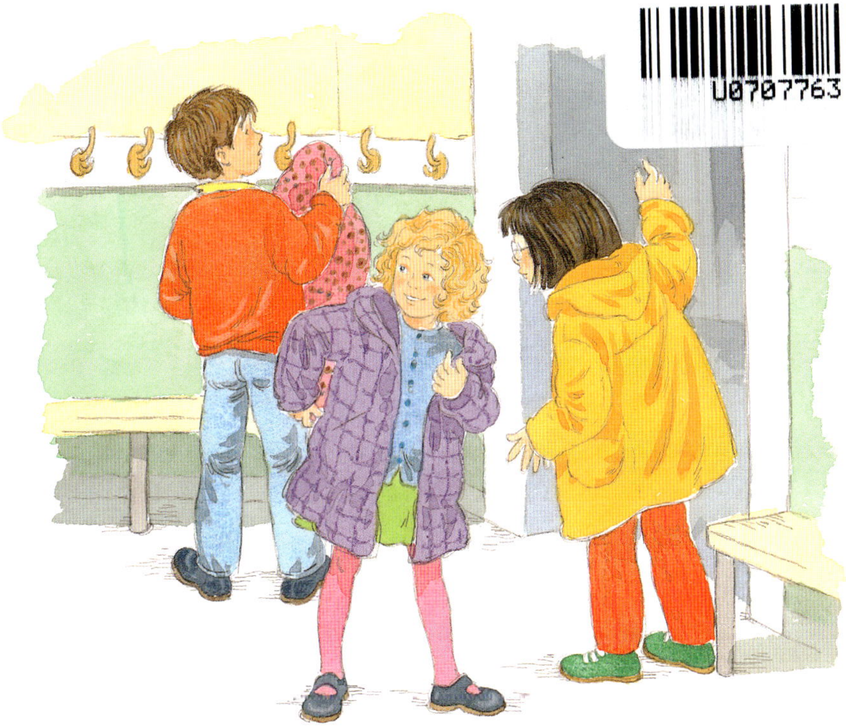

知识产权出版社
全国百佳图书出版单位

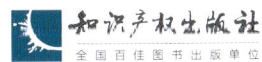

写在前面的话

有时候你会拿朋友开玩笑,这可能会让你觉得有趣,但如果玩笑开得过了头,就会伤害别人。开玩笑时,你应该注意:

1. 是否有人会因此感到伤心或难过。
2. 如果有人受到伤害,必须马上停止这种玩笑。
3. 让受伤害的人说说他们的想法。
4. 玩那种让大家都开心的游戏。

这本书中,孩子们都在取笑别人或被人取笑的过程中明白了一些道理。读一读,学学他们解决问题的方法吧!

利亚姆的外套

"外面很冷!"凯茜老师提醒大家,"出去玩时,都要穿上外套!"

利亚姆迫不及待地要出去玩,他赶忙跑向挂外套的地方。

利亚姆的书包挂在那儿,他连忙打开,抓出一件外套。
"啊,错了!"利亚姆低声说,"这不是我的!"

梅甘和艾丽斯正看着利亚姆。她们知道,利亚姆一定是不小心错带了姐姐的外套。

"那是件女孩的外套!"她们笑起来,"利亚姆带了一件女孩的外套!"

梅甘和艾丽斯觉得很好玩。

利亚姆的脸变得通红,他感到很沮丧。

汤姆和南森也跑过来看热闹。
"利亚姆把他姐姐的外套带来了!"艾丽斯说。
"利亚姆是个女孩!"汤姆用唱歌般的声音喊了起来。

梅甘、艾丽斯、汤姆、南森笑成一团。
利亚姆的眼里全是泪水。

凯茜老师打开教室门，看见利亚姆很伤心，而其他孩子正大笑不止，她走了过去。

"发生了什么事?"凯茜老师问道。
"没什么。"艾丽斯回答。
"我想肯定发生了什么事,"凯茜老师说,"利亚姆看起来很伤心。"

"我今天错把姐姐的外套带来了,"利亚姆告诉老师,"他们都觉得很好笑。"

"你很难过,是吧?"凯茜老师问,"你想要他们怎么做?"
"我希望他们别再取笑我,我不喜欢那样!"利亚姆回答。

"对不起!"艾丽斯说,"我们只是开个玩笑。"
"好吧。"利亚姆说。

"我们一起去玩点儿别的吧!"汤姆提议。
"去赛跑吧!"梅甘说。

他们玩起了赛跑,很快,谁也不觉得冷了。

"没人再需要这些外套了!"利亚姆笑着说。

小熊泰迪

本的妈妈住院了。

"我今天不想去上学了。"本对爸爸说。

"带着小熊泰迪去吧,"爸爸说,"让它跟你做个伴。你今天放学回家的时候,妈妈就会回来了。"

"好吧!"本点点头。

游戏时间到了,本和其他孩子一起到外面跑着玩,玩具小熊从他的口袋里露了出来。

汤姆看见了小熊。"那是什么?"他问。
"没什么。"本回答。

汤姆走过来,从本的口袋里抽出了小熊。
"一只玩具小熊!"汤姆说。

南森和迈克尔也跑了过来。
"看这儿,抓住!"汤姆大声喊着笑着,把小熊扔给了南森。

南森抓住小熊,又把它扔给了迈克尔。
本来回跑着,想要回他的小熊。

孩子们把小熊扔来扔去。
"过来拿呀!"他们叫着。

本握紧拳头,脸变得通红,他冲向汤姆。
"别这样!"迈克尔喊道,"我去叫凯茜老师来帮忙解决问题!"

"发生什么事了?"凯茜老师问。
本很愤怒,大叫着:"他们抢我的玩具小熊!"
"我们是在和他玩游戏。"南森说。

"你们三个觉得是游戏,但本却很难过,你们应该听听他的想法。"凯茜老师说。

"我想要回我的小熊。"本说。

汤姆把小熊还给了本。
"对不起!"汤姆道了歉。

凯茜老师笑了。"这只小熊有名字吗?"她问。
"泰迪。"本说。然后,他让每个人和小熊握了握手。

学会解决问题

我们都喜欢开玩笑,但玩笑如果开得过火,就会让人不高兴。很多嘲弄都是由玩笑引起的,这有时会伤害到别人。

  如果注意到被开玩笑的人不高兴了,就要停下来,大家商量一下,看怎样才能让事情好转。如果你被取笑了,可以告诉那些人你不喜欢这样,让他们停下来;如果他们不听,你可以去找大人帮忙。

图书在版编目（CIP）数据

不要取笑别人 /（英）阿莫斯著；贾洪宝译 . — 北京：知识产权出版社，2016.1

（我能管好自己）书名原文：Why tease？

ISBN 978-7-5130-3304-6

I. ①不… II. ①阿… ②贾… III. ①品德教育 — 儿童教育 — 家庭教育 IV. ① G78

中国版本图书馆 CIP 数据核字 (2015) 第 013659 号

First published in the United Kingdom by Cherrytree Books, 2000
Copyright©Evans Brothers Ltd.
This edition published under licence from Pila Books Limited.
This edition is only available for sale in Mainland China.

责任编辑：李 潇　　　　　　　　责任校对：谷 洋
装帧设计：于 静　　　　　　　　责任出版：刘译文

我能管好自己 ⑱
不要取笑别人
[英] 亚尼内·阿莫斯著　　[英] 安娜贝尔·斯彭斯利 绘
[英] 雷切尔·安德伍德 幼教顾问
贾洪宝 译

出版发行：知识产权出版社 有限责任公司		网　　址：http://www.ipph.cn	
社　　址：北京市海淀区马甸南村 1 号		邮　　编：100088	
责编电话：010-82000860 转 8133		责编邮箱：elixiao@sina.com	
发行电话：010-82000860 转 8101/8102		发行传真：010-82000893/82005070/82000270	
印　　刷：北京中科印刷有限公司		经　　销：各大网上书店、新华书店及相关专业书店	
开　　本：787mm×1092mm 1/16		字　　数：40 千字	
版　　次：2016 年 1 月第 1 版		印　　张：2	
ISBN 978-7-5130-3304-6		印　　次：2016 年 1 月第 1 次印刷	
京权图字：01-2015-0596		定　　价：9.00 元	

出版权专有 侵权必究
如有印装质量问题，本社负责调换。